GUIDE PRATIQUE

ÉCOLES PROFESSIONNELLES

DE JEUNES FILLES

Paris. — Imprimerie de P.-A. BOURDIER CAPIOMONT fils et Cie 6, rue des Poitevins.

GUIDE PRATIQUE

POUR LES

ÉCOLES PROFESSIONNELLES

DE JEUNES FILLES

PAR

Mme CH. SAUVESTRE

INSTITUTRICE

PARIS

LIBRAIRIE DE L. HACHETTE ET Cie

BOULEVARD SAINT-GERMAIN, 77

1868

Un mouvement considérable s'accomplit à cette heure dans l'enseignement. A côté des études classiques et purement littéraires, s'élève un nouvel ordre d'études d'un caractère plus pratique, et de nature à répondre aux besoins de cette nombreuse jeunesse qui se destine aux carrières industrielles et commerciales.

Pour les jeunes gens, l'organisation de l'enseignement secondaire spécial dans la plupart des lycées et des collèges, pourvoit à ces besoins; mais la loi du 21 juin 1865 n'a rien disposé en faveur de notre sexe; et si récemment quelques Écoles professionnelles ont été fondées pour les jeunes filles, l'honneur en revient à l'initiative privée.

C'est pourquoi nous croyons faire une œuvre utile en venant offrir. aux Institutrices et aux familles, les programmes et les méthodes que nous avons expérimentés avec un entier succès dans une des Écoles professionnelles de Paris.

Bien que ce travail, condensé en quelques pages, ait été fait surtout en vue des directrices d'école et des membres des Sociétés fondatrices, les parents y trouveront aussi des indications pour la direction à donner à l'éducation de leurs enfants.

C. S.

DE

L'ENSEIGNEMENT PROFESSIONNEL

POUR LES JEUNES FILLES

Cet enseignement s'adresse aux jeunes filles qui possèdent déjà l'instruction élémentaire. Il a pour objet de leur donner, avec des connaissances plus étendues, une éducation solide et en même temps une habileté de main, des notions pratiques telles, qu'elles puissent permettre à la jeune fille de vivre de son travail, sans être obligée de passer par l'apprentissage des ateliers, où la jeunesse se trouve trop souvent exposée à de dangereuses fréquentations.

L'École professionnelle fait de son temps deux parts : l'une qui est consacrée à l'Instruction proprement dite, — ce sont les Cours généraux; et l'autre qui se partage entre l'atelier de Couture et de Confection, le cours de Commerce, la classe de Dessin, la Peinture sur porcelaine, la Gravure, et les autres genres de travaux que l'expérience peut faire introduire dans l'École; — ce sont les Cours spéciaux.

Il n'est pas besoin de dire que les élèves ne sont point astreintes à suivre tous les cours spéciaux; le choix en cela est déterminé par la volonté des parents, et les propres aptitudes de chaque jeune fille.

Les Cours généraux, au contraire, sont communs à toutes, et obligatoires; ils comprennent:

La Lecture à haute voix, l'Écriture, la Grammaire raisonnée, une Langue étrangère, les éléments de la Littérature, le Calcul pratique, les principes de l'Économie domestique, l'Histoire, la Géographie, les éléments de la Géologie et de la Cosmographie, des notions de Minéralogie, de Botanique, de Zoologie, de Physique et de Chimie, enfin, la Morale et le Chant.

Si quelque institutrice trouvait ce programme trop étendu, nous la prierions de remarquer qu'il s'adresse à des jeunes filles au-dessus de douze ans, possédant déjà toutes les connaissances qui constituent ce qu'on appelle l'enseignement primaire. D'ailleurs, dans nos écoles professionnelles, où tout se tient, où tout s'enchaîne, où une étude en amène une autre, il n'y a pour l'élève aucune peine. Enfin, les leçons n'ont jamais plus d'une heure de durée, et la variété des exercices qui se succèdent empêche la fatigue.

Entrons dans quelques détails:

De même que l'enfant, lorsqu'il commence à balbutier, retient successivement le nom des choses et apprend ainsi la langue maternelle; de même les langues ne sont tout d'abord pour l'élève qu'un exercice de prononciation et de mémoire. La Grammaire vient ensuite; et il est facile alors à l'institutrice de faire comprendre à son jeune auditoire que, à part les règles propres à chaque idiome, il existe une grammaire générale dont les lois sont les mêmes pour tous les langages.

Les Dictées, prises dans de bons auteurs, doivent être lues et commentées tout haut par une maîtresse, puis par une élève;

car il ne s'agit pas de chercher à mettre machinalement l'orthographe, il faut encore comprendre ce .qu'on écrit. En même temps, par les résumés de vive voix, les élèves prennent l'habitude de mettre de l'ordre dans leurs idées, et apprennent à s'exprimer facilement. Enfin, il doit être bien entendu, une fois pour toutes, que chaque travail écrit : dictée, rédaction, extrait ou autre, doit être considéré, quant à l'exécution, comme une page d'écriture, et donner lieu aux mêmes exigences et aux mêmes conseils de la part de la maîtresse. Cette observation s'applique aux lectures à haute voix pendant lesquelles on ne doit laisser perdre aucune occasion d'interrogation ou de remarque.

Au point de vue de la Grammaire, ces dictées expliquées nous donnent encore les Analyses, la Ponctuation, l'Orthographe. Cet exercice, si simple en apparence, peut donc prendre, sous la direction d'une institutrice intelligente, une importance considérable.

L'Histoire et la Géographie se tiennent, ce sont deux études inséparables : *Cartes* et *Extraits* doivent se suivre, se correspondre.

C'est en enseignant la Géographie que nous parlons de Géologie et de Cosmographie ; de même que, en causant d'Histoire, nous arrivons naturellement à la Littérature, puisque la Littérature d'un peuple n'est que l'expression de ses mœurs.

Il importe de bien faire sentir aux élèves le lien qui unit entre elles les diverses branches des connaissances humaines. C'est ainsi que les leçons parviendront à faire un tout homogène et que, l'une par l'autre retenues, et se donnant pour ainsi dire la main, les notions acquises resteront dans la mémoire de l'enfant.

Afin de préciser, par un exemple, ce précepte important de l'art d'enseigner, prenons le mot : CROISADES. Eh bien, ce mot doit rappeler à la fois à l'esprit de l'élève :

1° Le grand mouvement religieux et guerrier qui a précipité la chrétienté vers l'Asie, pour la délivrance du tombeau du Christ;

2° La situation de l'Europe, et particulièrement celle de la France à cette époque, où la Féodalité est à son apogée;

3° La Géographie de la Palestine, des mers et des contrées qui la séparent de l'Europe;

4° L'état de la langue franque;

5° Les costumes du temps;

6° L'état des Sciences, de l'Industrie et du Commerce français au onzième siècle;

7° La Géographie des contrées soumises à la religion de Mahomet;

8° Les Arts, les Sciences, l'Industrie et le Commerce chez les Sarrasins ou Arabes.

9° Les résultats des Croisades au point de vue de la religion, de la politique, des mœurs, des arts, du commerce, etc.

Il n'échappera à aucune institutrice que la contre-épreuve peut et doit être faite avec les termes correspondants; c'est-à-dire que les mots : ONZIÈME SIÈCLE, PIERRE L'ERMITE, etc., doivent rappeler la même série d'idées.

Les leçons sur l'HISTOIRE NATURELLE sont presque toujours faites au point de vue du Dessin et de l'Industrie; aussi les Cours généraux sont-ils intimement liés aux Cours spéciaux. — Voyez plutôt : — La BOTANIQUE et la ZOOLOGIE, en donnant la vérité, l'élégance dans les formes et l'harmonie dans les couleurs, viennent en aide au Dessin, à la Gravure, à la Peinture. — A son tour, le Dessin, qui forme l'œil et précise les formes, vient en aide à la Broderie, à la Confection, à la Lingerie, et à tous les ouvrages de goût.

L'Arithmétique, science d'ordinaire difficile pour les femmes, en se liant d'une manière pratique aux exercices de Comptabilité commerciale, devient une leçon presque attrayante.

En résumé, toutes les leçons des Cours généraux se rapportent à cinq grands enseignements : LANGUE FRANÇAISE, HISTOIRE ET GÉOGRAPHIE, ARITHMÉTIQUE, SCIENCES NATURELLES, MORALE.

Toutes celles des Cours spéciaux se rapportent à trois autres grands enseignements : COMMERCE, DESSIN, COUTURE.

Observations importantes. — I. Ce n'est guère qu'au commencement de la troisième année qu'on peut déterminer, pour l'élève, le choix d'une spécialité. Il faut que la Directrice s'efforce de le faire comprendre aux parents, de façon que tous les cours spéciaux des deux premières années restent considérés comme obligatoires, et soient suivis par toutes les élèves. Ce sera une préparation excellente à tous les points de vue.

II. Bien que la variété qu'on a eu soin d'établir dans les exercices soit déjà de nature à diminuer la fatigue, en écartant de ces jeunes têtes une trop longue contention d'esprit, il n'en faut pas moins penser aux Récréations et leur faire une part assez large, pour que l'hygiène n'ait point à souffrir. — Le grand air, la verdure, un jardin, sont nécessaires. Les élèves y passeront les heures de repos, qui ne sont jamais, pour la jeunesse, des heures de tranquillité. — Un préau couvert leur donnera asile les jours de pluie et de froid excessif. Tout sera pour le mieux si l'on y peut adjoindre un gymnase.

III. Dans un grand établissement, il est une foule de soins, souvent d'un détail minutieux, qu'on peut, avec avantage, confier aux élèves. C'est un excellent exercice pour leur enseigner l'ordre, la propreté, l'économie, enfin les différents devoirs du ménage. Rien n'est plus propre à développer chez elles les qualités sérieuses, la maturité d'esprit, outre que les maîtresses de classe et d'atelier y trouvent un juste allégement.

C'est ainsi que nos élèves étaient chargées, à tour de rôle, de veiller à la propreté de la classe et de la récréation, de distribuer les fournitures et d'en tenir le registre, etc., etc.

NOTRE TRAVAIL COMPREND :

1° Le détail des dépenses d'un premier établissement.

2° Le plan d'une maison d'école.

3° Le Tableau général de la répartition du travail entre les diverses années ; y compris la *Classe préparatoire* que nous jugeons nécessaire.

4° La division du temps pour la Classe préparatoire.

5° La division du temps pour les Cours généraux.

6° La division du temps pour les Cours spéciaux.

7° Les programmes des Cours généraux : 1re année.

8°   —   —   2e année.

9°   —   —   3e année.

10° Les programmes des Cours spéciaux : 1re année.

11°   —   —   2e année.

12°   —   —   3e année.

13° Un modèle de Livret d'élève.

14° Un modèle de Registre d'atelier.

15° L'appréciation des Recettes et Dépenses pendant les deux premières années d'une école.

16° Le Bilan d'une école à sa troisième année.

17° Un système ou créations d'écoles.

18° Le Classement de la Bibliothèque.

19° Le Prêt des livres.

20° Une liste de livres de lecture et d'étude.

DÉPENSES DE PREMIER ÉTABLISSEMEMT

MOBILIER

	fr.
Trois classes (Cours généraux) : tables, bancs, tableaux noirs et estrade.	1680
Classe de dessin : tables, bancs, tableaux noirs, modèles.	200
Classe de chant.	45
Atelier de couture.	210
Mobilier du parloir.	500
Mobilier de salle à manger (pour les maîtresses).	40
Vestibule.	50
Cuisine, loge.	160
Vestiaire.	50
Ustensiles de jardinage.	40
	2975

Dépôt d'un semestre à l'avance, chez le propriétaire, pour un loyer de 5000 fr.	2500
Espèces en caisse, pour les besoins de la maison	500
Total.	5975

Perte sur la première année [1]	7950	
Perte sur la deuxième année.	1650	9600
Ensemble.		15575

Concluons qu'il faut environ 16000 fr. pour établir une *École professionnelle*, laquelle école fera ses frais la troisième année, et rapportera la quatrième. Nous n'avons pas besoin de faire remarquer que ces dépenses ont été calculées sur les prix de Paris.

---

1. Voir le tableau ci-après, page 18.

PLAN D'UNE ÉCOLE PROFESSIONNELLE
POUR LES JEUNES FILLES

(120 Élèves) (ÉCHELLE 0,005)

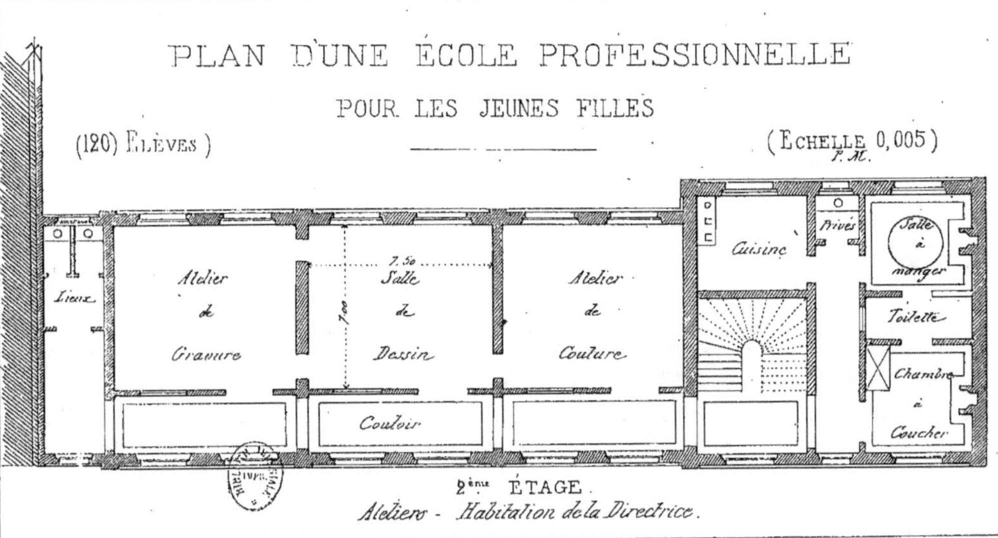

2ᵐᵉ ÉTAGE.
Ateliers - Habitation de la Directrice.

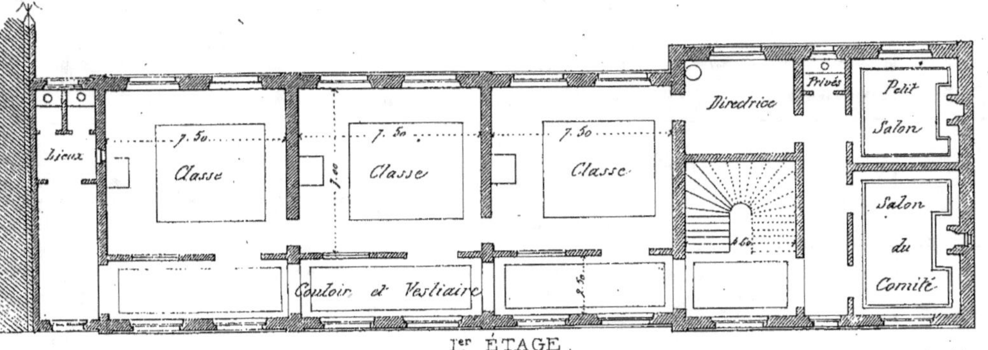

1ᵉʳ ÉTAGE.
Classes - Direction.

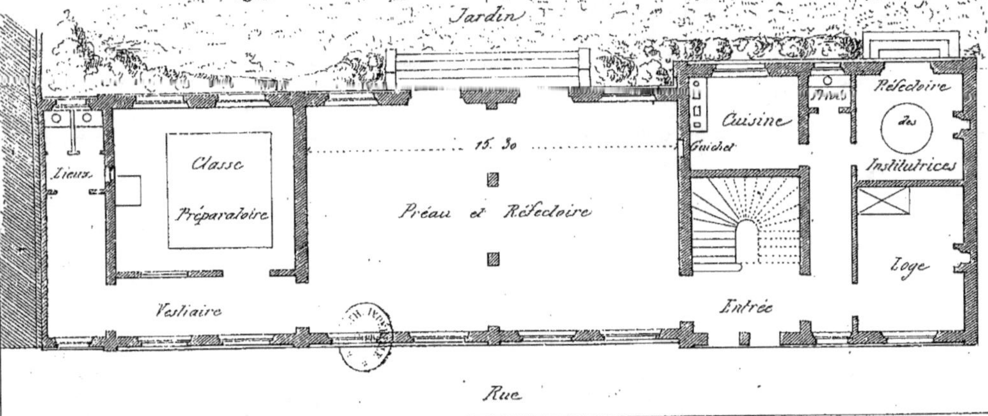

REZ-DE-CHAUSSÉE
Classe Préparatoire - Réfectoire - Concierge.
Superficie couverte : 448 mètres.

TABLEAU GÉNÉRAL. — Répartition du travail entre les diverses années. — Indication du nombre de leçons par semaine.

FACULTÉS.	ANNÉE PRÉPARATOIRE.	HEURES PAR SEMAINE.	COURS DE 1re ANNÉE.	COURS DE 2e ANNÉE.	COURS DE 3e ANNÉE.	HEURES PAR SEMAINE.	
LETTRES. (Teinte orange.)	Lectures ; Dictées ; Verbes ; Analyse logique.	6	Français : — Lecture ; Littérature.	Français : — Lecture ; Littérature.	Français : — Lecture ; Littérature.	4	
	Premières notions d'une langue étrangère.	2	Langues vivantes.	Langues vivantes.	Langues vivantes.	4	
	Récits d'histoire de France et d'histoire ancienne.	3	Histoire.	Histoire.	Histoire.		13
	Carte du département ; Étude sommaire de la France.	3	Géographie.	Géographie.	Géographie.	4	
			Géologie.	Cosmographie.	Cosmographie.		
			Industrie.	Industrie.	Économie domestique.		
	Premières notions de morale.	1	Morale.	Morale.	Morale.	1	
SCIENCES. (Teinte rouge.)	Calcul mental ; Système métrique.	6	Arithmétique.	Arithmétique.	Arithmétique.	3	
	Les quatre règles d'arithmétique. (Insister sur la table de multiplication).		Comptabilité : — Tenue des livres.	Comptabilité commerciale.	Comptabilité commerciale.	6	11
			Droit commercial.	Droit commercial.	Histoire du commerce.		
			Physique.	Chimie.	Littérature.	1	
	Quelques notions d'histoire naturelle.	1	Botanique : — Hygiène.	Zoologie : — Hygiène.	Minéralogie : — Hygiène.	1	
ARTS. (Teinte violette.)	Écriture.	6	Écriture.	Écriture.	Écriture.	2	
	Dessin linéaire.		Dessin linéaire : — Géométrie.	Dessin linéaire : — Géométrie.	Dessin linéaire : — Géométrie.		
			Dessin industriel : — Ornement.	Dessin industriel : — Bosse ; Figure.	Dessin industriel : — Fleurs ; Fruits.	8	12
				Gravure sur bois ou peinture sur porcelaine.	Gravure sur bois ou peinture sur porcelaine.		
	Chant.	2	Chant (Méthode *Chevé*).	Chant (Méthode *Chevé*).	Chant (Méthode *Chevé*).	2	
TRAVAUX MANUELS (Teinte bleue.)	Couture : — (Deux heures par jour, et dans la matinée, pour que, l'après-midi, il n'y ait aucun encombrement aux ateliers).	12	Couture : — Confection ; Principaux points.	Couture : — Robes ; Ornements.	Couture : — Réduction de patrons.	6	6
			Lingerie : — Broderie.	Lingerie : — Broderie.	Lingerie : — Broderie.		
			Tapisserie : — Points principaux ; Dessins.	Tapisserie : — Sujets.	Tapisserie : — Sujets.		
			Fleurs artificielles : — Feuillages ; Tiges.	Fleurs : — Montage.	Fleurs : — Bouquets ; Guirlandes.		
			Dentelle.	Dentelle.	Dentelle.		
			Cartonnage.	Cartonnage.	Cartonnage.		
ÉTUDES. (Teinte verte.)	Deux heures par jour d'étude.	12	Étude (12 heures).	Étude (12 heures).	Étude. 11	12	12
					Histoire des Beaux-Arts, en 3e année seulement. 1		
	Total.	54			Total.	54	54
COURS NORMAL. (Teinte rose.)	*Institutrices.* — Préparation aux examens. Le cours a lieu 3 fois la semaine : les lundi, mercredi et vendredi de 2 à 4 h.	6	Préparation au *Brevet* de 16 ans.	Préparation au *Brevet* de 18 ans.	Préparation au *Brevet* supérieur.	6	6

Classe préparatoire. — DIVISION DU TEMPS

DE 8 HEURES DU MATIN A 6 HEURES DU SOIR. — ÉTUDE TOUS LES JOURS DE 4 A 6 HEURES.

JOURS	HEURES.	MATIN.	JOURS,	HEURES.	APRÈS-MIDI.
LUNDI.	8 à 9	Lecture.	LUNDI.	12 à 1	Écriture ; Chiffres.
	9 à 11	Couture ; Broderie.		1 à 2	Calcul.
				2 à 3	Anglais.
				3 à 4	Français ; Grammaire ; Verbes.
MARDI.	8 à 9	Lecture.	MARDI.	12 à 1	Écriture ; Dessin linéaire.
	9 à 11	Couture,		1 à 2	Calcul.
				2 à 3	Histoire ; Géographie.
				3 à 4	Français ; Grammaire ; Dictées.
MERCREDI.	8 à 9	Lecture.	MERCREDI.	12 à 1	Écriture.
	9 à 10	Couture ; petits ouvrages de goût.		1 à 2	Calcul.
	10 à 11	Chant.		2 à 3	Notions d'histoire naturelle.
				3 à 4	Français ; Grammaire ; Analyse.
JEUDI.	8 à 9	Lecture.	JEUDI.	12 à 1	Écriture ; Chiffres.
	9 à 11	Couture.		1 à 2	Calcul.
				2 à 3	Histoire ; Géographie.
				3 à 4	Français ; Grammaire ; Dictées.
VENDREDI.	8 à 9	Lecture.	VENDREDI.	12 à 1	Écriture ; Dessin linéaire.
	9 à 11	Couture ; Tapisserie.		1 à 2	Calcul.
				2 à 3	Anglais.
				3 à 4	Français ; Grammaire ; Verbes.
SAMEDI.	8 à 9	Lecture.	SAMEDI.	12 à 1	Écriture.
	9 à 10	Couture.		1 à 2	Calcul.
	10 à 11	Chant.		2 à 3	Notions de morale.
				3 à 4	Français ; Grammaire ; Analyse.

Cours généraux. — DIVISION DU TEMPS

DE 8 A 11 HEURES DU MATIN.

JOURS.	HEURES.	1re ANNÉE.	2e ANNÉE.	3e ANNÉE.
LUNDI.	8 à 10	Grammaire ; Éléments de littérature.	Grammaire ; Littérature grecque et latine.	Grammaire ; Littérature française ancienne et moderne.
	10 à 11	Lecture à haute voix ; Écriture appliquée.	Lecture à haute voix ; Écriture appliquée.	Lecture à haute voix ; Écriture appliquée.
MARDI.	8 à 9	Calcul.	Calcul.	Calcul.
	9 à 11	Histoire ; Géographie ; Géologie.	Histoire; Géographie et Cosmographie.	Histoire; Géographie et Cosmographie.
MERCREDI.	8 à 9	Grammaire.	Grammaire.	Grammaire.
	9 à 10	Physique (éléments).	Chimie (éléments).	Littérature ancienne et moderne.
	10 à 11	Chant (méthode Chevé).	Chant (méthode Chevé).	Chant (méthode Chevé).
JEUDI.	8 à 9	Calcul.	Calcul.	Calcul.
	9 à 10	Botanique ; Hygiène.	Zoologie ; Hygiène.	Minéralogie ; Hygiène.
	10 à 11	Lecture ; Écriture appliquée.	Lecture ; Écriture appliquée.	Lecture ; Écriture appliquée.
VENDREDI.	8 à 9	Grammaire.	Grammaire.	Grammaire.
	9 à 11	Histoire ; Géographie ; Industrie.	Histoire ; Géographie ; Industrie.	Histoire ; Géographie ; Économie domestique.
SAMEDI.	8 à 9	Calcul.	Calcul.	Calcul.
	9 à 10	Morale.	Morale.	Morale.
	10 à 11	Chant (méthode Chevé).	Chant (méthode Chevé).	Chant (méthode Chevé).

Cours spéciaux. — DIVISION DU TEMPS

DE MIDI A 6 HEURES.

NOTA. — Il est pris une demi-heure de récréation de 3 h. 1/2 à 4 h. — Les travaux de goût se font aux heures de la Couture.

JOURS.	HEURES.	1re ANNÉE.	2e ANNÉE.	3e ANNÉE.
LUNDI.	12 à 2	Commerce.	Couture ; Travaux de goût.	Commerce ; Dessin ou Couture selon la profession choisie.
	2 à 4	Anglais.	Anglais.	
	4 à 6	Étude.	Étude.	Étude.
MARDI.	12 à 2	Couture.	Commerce ; Droit commercial.	Commerce ; Dessin ou Couture selon la profession choisie.
	2 à 4	Dessin industriel.	Dessin industriel.	
	4 à 6	Étude.	Étude.	Étude.
MERCREDI.	12 à 2	Commerce ; Droit commercial.	Couture ; Travaux de goût.	Commerce ; Dessin ou Couture selon la profession choisie.
	2 à 4	Dessin linéaire ; Géométrie.	Dessin linéaire ; Géométrie.	
	4 à 6	Étude.	Étude.	Étude.
JEUDI.	12 à 2	Couture ; Ouvrages de goût.	Commerce.	Commerce ; Dessin ou Couture selon la profession choisie.
	2 à 4	Dessin industriel.	Dessin industriel.	Histoire des Beaux-Arts, de 4 à 5 h.
	4 à 6	Étude.	Étude.	Étude, de 5 à 6 heures.
VENDREDI.	12 à 2	Commerce.	Couture ; Travaux de goût.	Commerce ; Dessin ou Couture selon la profession choisie.
	2 à 4	Anglais.	Anglais.	
	4 à 6	Étude.	Étude.	Étude.
SAMEDI.	12 à 2	Couture.	Commerce.	Commerce ; Dessin ou Couture selon la profession choisie.
	2 à 4	Dessin industriel.	Dessin industriel.	
	4 à 6	Étude.	Étude.	Étude.

	LANGUE FRANÇAISE		HISTOIRE ET GÉOGRAPHIE				ARITHMÉTIQUE	SCIENCES			MORALE	CHANT
	LECTURE et ÉCRITURE Les lundi et jeudi de 10 à 11.	GRAMMAIRE et LITTÉRATURE Les lundi, mercredi et vendredi de 8 à 9 1/2.	HISTOIRE	GÉOGRAPHIE	GÉOLOGIE Les mardi et vendredi de 9 à 11.	INDUSTRIE	Les mardi, jeudi et samedi de 8 à 9.	PHYSIQUE Le mercredi de 9 à 10.	BOTANIQUE Le jeudi de 9 à 10.	HYGIÈNE	Le samedi de 9 à 10.	Mercredi et samedi de 10 à 11.
1er SEMESTRE	Lecture à voix haute et très-distincte. Interrogations. — Écriture. Premiers principes. Tenue du corps et de la plume. Anglaise. Alphabet. Majuscules. Minuscules. Chiffres. Cursive.	Dictées expliquées, devant servir de leçon de grammaire. Analyse logique. Ponctuation. Première partie de la grammaire jusqu'au verbe. Apprendre par cœur quelques fables.	Résumés synthétiques d'histoire ancienne. (Étudier l'histoire sur des cartes.) Égyptiens. Chaldéens. Assyriens. Mèdes. Perses. Phéniciens. La Grèce. Faire l'histoire du costume, en temps utile, à la fin des leçons.	Courtes notions de géographie générale. Montagnes. Fleuves. Villes principales. Comparaison avec la géographie ancienne. Historique du mouvement commercial. Aspect général du globe entier et de l'Europe en particulier. Nota. S'assurer des définitions géographiques. Cartes.	La terre. Structure du Globe. Ses modifications successives. Terrains divers : — Primaire, secondaire, tertiaire. Promenade à la campagne, s'il est possible, afin de faire mieux comprendre la leçon. Exercices : — Coupe géologique de la Bretagne au Jura.	Historique des développements successifs de l'Industrie. — État sauvage : — Chasse ; Pêche ; Cueillette ; Vêtements de peau ; Habitation dans la caverne ou dans la hutte, etc. État patriarcal : — Peuples pasteurs ; Troupeaux ; Laines ; Tissus ; Tentes, etc. État sédentaire : — Agriculture ; Architecture ; Arts divers.	Numération. Table de multiplication. Les quatre premières règles. Calcul mental. Système métrique. Unités de mesure. Étudier, s'il est possible, avec le nécessaire métrique. *Figures au tableau.* *Problèmes.*	Atmosphère : — Air vital ; Force motrice ; Pesanteur ; aérostats, etc. Expériences, s'il est possible. Eau ; Pluie ; Rosée ; Brouillards ; Neige ; Glace ; Grêle. Gaz ; Lumière ; Chaleur ; Machines ; Chemins de fer. *Figures.*	De la plante en général. Respiration. Organes nutritifs. Organes reproductifs. Racine. Tige. Feuilles. Fleur. Reproduction naturelle : — Graine. Reproductions artificielles : — Bouture, etc. Plantes utiles, alimentaires, médicinales, textiles, tinctoriales. Plantes d'ornement. Plantes vénéneuses. Arbres.	Hygiène des habitations : — Air ; Lumière ; Chaleur ; Ventilation. Hygiène du corps : — Respiration ; Poitrine ; Poumons. Odorat. Voix. Larynx. Chant. Instruments de cuivre, leur danger.	De la morale en général. Destinée de l'homme. Ses facultés : — Raison ; Liberté ; Devoir ; Droit ; Amour de ses semblables. *Résumés.*	Solfège, Mesure, Intonation, Chants (Cahiers).
2e SEMESTRE	Lecture accentuée. S'assurer de la prononciation. Interrogations. — Écriture. Continuer l'anglaise ainsi qu'il a été fait dans le premier semestre. Ponctuation. Accents.	Dictées expliquées. Analyse grammaticale. Le verbe. Tableau des verbes irréguliers. Conjugaisons. Apprendre par cœur quelques pièces de vers, de belle prose, des fables (La Fontaine, Florian). Exercices de style. Lettres avec récits. *Narrations* : Exposé, Nœud. Dénoûment.	Histoire romaine : — Les rois ; République ; Empire ; Grandeur et décadence. (Étudier sur des cartes.) Nos origines nationales : — La Gaule avant et depuis la conquête romaine ; Invasion des Barbares ; Les Francs. Établissement du Christianisme ; Rôle politique des évêques. Période Mérovingienne. Synchronisme, ou plutôt esquisse rapide, mais colorée, de l'histoire des peuples dont l'existence se mêle à la nôtre. Cette esquisse doit être plus nourrie de faits que de dates.	France. Aspect général. Limites. Montagnes. Fleuves. Bassins. Canaux. Chemins de fer. Départements. Villes principales. Ports de mer. — *Exercices écrits.* *Cartes.*	Continuer ce qui a été commencé dans le premier semestre. Coupes géologiques. Parcours d'un chemin de fer. Phénomènes volcaniques. Puits artésiens. Fossiles : — Bélemnites ; Ammonites ; Mélanies ; Mastodonte, etc. Terrain moderne. Humus.	*Notions générales.* Céréales : — Pain et bouillies ; Pâtes alimentaires, etc. Boissons : — Vin ; Cidre ; Bière ; Alcools, etc. Détail : — Élevage ; Pâturage ; Fourrage ; Laitage ; Beurre ; Fromage ; Conserves, etc. Régime des eaux : — Irrigations ; Prairies ; Canaux. Forêts ; Coupes de bois ; Flottage, etc. Tannerie ; Pelleteries, etc. Production des sucres de canne, de betterave, d'émbla. Raffinerie, etc. Ruches ; Miel ; Cire. Vers à soie.	Règles de trois, d'intérêt, de société, d'escompte, de mélange. Calcul mental. Ne point perdre de vue ni la table de multiplication ni le système métrique. *Problèmes.* Fractions décimales. Fractions ordinaires. Comparaison et réduction.	Œil, sa structure ; Vue ; Couleurs. Oreille, sa structure ; Le son, ondes sonores ; Vibrations ; Échelle musicale. Voix ; Organe ; Transmission de la parole. Magnétisme ; Aimants ; Pôles ; Électricité ; Corps conducteurs ; Corps isolants ; Pile ; Charge ; Décharge ; Télégraphie ; Lumière électrique ; Météores lumineux.	Histoire de la Botanique. Grands naturalistes. Différents systèmes. Classes. Sous-classes. Familles. Types. Plantes dicotylédones, monocotylédones, acotylédones. Ressemblances. Fleurs. — Fruits. Herbier ; Pharmacie pratique. (Tout cet enseignement doit être fait au point de vue du dessin ; donc, dessins au tableau noir et sur le papier.) Étudier sur échantillons. *Résumés.*	Hygiène des habitations et des vêtements : — Chauffage ; Éclairage ; Blanchissage ; Nettoyage ; Teinture ; Habits ; Linge. Hygiène du corps : — Vue ; Ouïe ; Propreté essentielle des organes de la bouche, surtout des dents. *Résumés.*	Amour de la Patrie. Amour de l'humanité. Solidarité. Amour du vrai, du juste, du beau. La Conscience. *Résumés.*	Lecture, Écriture, Chants (Cahiers). **Méthode CHEVÉ.**

COURS GÉNÉRAUX. — Programme de 2e année. — De 8 heures du matin à 11 heures, enseignement de 14 facultés réparties sur 18 heures de travail par semaine.

	LANGUE FRANÇAISE		HISTOIRE ET GÉOGRAPHIE				ARITHMÉTIQUE	SCIENCES			MORALE	CHANT
	LECTURE et ÉCRITURE Les lundi et jeudi de 10 à 11.	GRAMMAIRE et LITTÉRATURE Les lundi, mercredi et vendredi de 8 à 9 1/2.	HISTOIRE	GÉOGRAPHIE	COSMOGRAPHIE Les mardi et vendredi de 9 à 11.	INDUSTRIE	Les mardi jeudi et samedi de 8 à 9.	CHIMIE Le mercredi de 9 à 10.	ZOOLOGIE Le jeudi de 9 à 10.	HYGIÈNE	Le samedi de 9 à 10.	Mercredi et samedi de 10 à 11.
1er SEMESTRE.	Lecture à haute voix. Accentuation. Faire résumer de vive voix le passage lu. — Écriture. Continuer l'anglaise; commencer la ronde. Exercices. Alphabet. Majuscules. Minuscules. Chiffres. Titres.	Dictées expliquées. Analyses logique et grammaticale. Ponctuation. Reprendre les parties du discours. Le nom; L'article; L'adjectif; Le pronom. — Littérature : —Littérature ancienne, chez les Grecs, chez les Latins. Morceaux de prose et de poésie appris par cœur.	Charlemagne : — Essai de reconstitution de l'Empire romain d'Occident. (Étudier l'histoire sur des cartes.) Successeurs de Charlemagne : — Formation des grands États d'Europe; Formation de la Féodalité. Invasion des Normands. Résumés. Esquisse synchronique de la situation de l'Europe et du monde connu, pendant la période Carlovingienne. Inventions et découvertes par siècle.	France. Détails : — Zones productives; Climat; Commerce. Cartes. — Europe. Détails : — Peuples; Gouvernements; Religions; Industrie; Commerce; Population. Cartes.	Système du monde. Univers. Définitions géométriques. (Dessins.) Étude sur la sphère terrestre.	Les Manufactures. Les Métiers. Vêtements : — Chanvre; Lin; Toile; Coton; Laine; Soie; Fourrures; Tapisseries; Dentelles. (Commerce.) Objets en usage : — Peignes; Brosses; Dés; Épingles; Aiguilles; Couteaux; Ciseaux; Ustensiles; Faïence; Porcelaine; Verre; Parfumerie, etc. Écriture : — Papier; Plumes; Crayons.	Système métrique. Valeur des mesures : — De Longueur; de Surface; de Solidité; de Capacité. Cube. (Figures au tableau.) Fractions. Problèmes. — Calcul mental très-vite. Décimales et fractions.	Atomes; Molécules; Corps simples; Affinités; Combinaisons. Air; Gaz. Chimie inorganique : — Acides; Bases; Gaz; Métaux. Galvanoplastie. Daguerréotype. Photographie. Expériences le plus possible.	Caractères généraux des animaux. Leurs rapports avec l'homme; leur utilité. Fonctions : — Nutrition; Organes; Sens; Mouvement; Voix. Respiration : — Estomac; Digestion; Sang; Cœur. Grands embranchements. Classes; Familles. Principaux types. (Montrer les échantillons empaillés, ou les suppléer par de bons dessins coloriés.)	Propreté. Soins du ménage, des vêtements, du linge, des lits, des meubles, de la cour, du jardin. Soins personnels. Propreté du corps. Bains; leur nécessité. Soins de l'étable, de l'écurie; aération. Repas.	Morale pratique. Relations de l'homme. Divisions de la morale en morale individuelle, morale sociale, morale religieuse. 1° Morale individuelle : — Culture de l'intelligence. Résumés.	Mesure; Lecture; Écriture; Soudures; Composition; Chants (Cahiers). Méthode CHEVÉ.
2e SEMESTRE.	Continuer les lectures à haute voix. et les résumer. — Continuer l'écriture ainsi qu'il a été fait dans le premier semestre.	Dictées expliquées. Analyses. Ponctuation. Continuer les parties du discours. Le verbe; Le participe; Les mots invariables. Correspondance des temps entre eux. — Littérature : — Continuer ce qui a été commencé dans le premier semestre. Apprendre des fables, des pièces de vers.	Formation du royaume de France. Hugues-Capet et ses successeurs. L'Europe féodale. Tableau de l'état du pays de France, pendant le Xe et le XIe siècle; Fléaux épouvantables; Découragement général; L'an mil. Croisades. Les Communes. Pouvoir croissant du Clergé : Omnipotence des Papes; Grégoire VII; (Hildebrand). Sa raison d'être au milieu des violences des seigneurs féodaux : Décadence de la Féodalité, jusques et y compris Louis XII. Synchronismes. Inventions et découvertes par siècle. Résumés.	France. Complément. — Europe. Complément. Voyage à Jérusalem. Communes de France. — S'assurer si l'on possède bien les cartes de France et d'Europe. Cartes.	La Terre : — L'Équateur; les Pôles; Longitudes; Latitudes; Degrés; Zones. — — Cartes coloriées par zones. Étude sur la sphère terrestre. Voyages aux Pôles, à l'Équateur.	L'Imprimerie. Les Mines : — Le Charbon; l'Éclairage; le Chauffage. Métaux : — Or; Argent; Platine; Fer; Mercure; Cuivre; Plomb; Étain; Zinc; etc. Construction : — Ardoise; Brique; Chaux; Plâtre; Tuf; Marbre; Granit; Albâtre; Charpente; Bois; Fer; Menuiserie; Maçonnerie; Serrurerie; Peinture; Décors; Papiers; Glaces. Diamants : — Pierres précieuses.	Système métrique. Valeur des mesures : — De Poids; de Monnaie. Calcul des Banques. Problèmes. Calcul mental pratique. Décimales et fractions.	Chimie organique : — Gaz; Acides; Alcools; Bases. Phénomènes spontanés. Expériences le plus possible.	Vertébrés; Articulés; Annelés; Mollusques; Zoophytes; Polypes. Distribution géographique des animaux. Étudier au point de vue du dessin, et sur échantillon s'il est possible. Grands naturalistes : — Buffon; De la Fosse; Richard; etc. Résumés.	Soin des aliments : — Leur choix; leur cuisson. Désinfection. Choix des boissons. Danger des alcools. Pharmacie. Médication. Ne jamais tourmenter les enfants par des médications inutiles et fatigantes; ne pas trop les couvrir. Résumés.	Suite de la morale individuelle. Soins du corps. Suicide. Duel. Prudence; Courage; Tempérance; Force. Devoir envers les animaux. Lois de solidarité. Résumés.	Continuer ce qui a été commencé dans le premier semestre.

COURS GÉNÉRAUX. — **Programme de 3e année.** — De 8 heures du matin à 11 heures, enseignement de 14 facultés réparties sur 18 heures de travail par semaine.

	LANGUE FRANÇAISE		HISTOIRE ET GÉOGRAPHIE				ARITHMÉTIQUE	SCIENCES		LITTÉRATURE	MORALE	CHANT
	LECTURE et ÉCRITURE Les lundi et jeudi de 10 à 11.	GRAMMAIRE et LITTÉRATURE Les lundi, mercredi et vendredi de 8 à 9 1/2.	HISTOIRE	GÉOGRAPHIE Les mardi et vendredi de 9 à 11.	COSMOGRAPHIE	ÉCONOMIE DOMESTIQUE	Les mardi jeudi et samedi de 8 à 9.	MINÉRALOGIE Les jeudi de 9 à 10.	HYGIÈNE	Le mercredi de 9 à 10.	Le samedi de 9 à 10.	Mercredi et samedi de 10 à 11.
1er SEMESTRE.	Lecture à haute voix. Prononciation. Faire résumer de vive voix le passage lu. — Écriture. Continuer l'anglaise, la ronde. Commencer la gothique. Alphabet. Majuscules. Minuscules. Chiffres. Titres.	Dictées ; Analyses. Récapituler les règles de la grammaire. Figures de syntaxe : — Homonymes ; Synonymes ; Locutions vicieuses ; Remarques particulières. — Littérature : — Commencer la littérature française, qui sera continuée les mardi, de 9 à 10 h. dans cette 3e année. (Résumés.)	Réformation religieuse. Renaissance des arts et des lettres. François Ier. Henri II. Guerres de religion ; St-Barthélemy ; jusqu'à la fin de Louis XIV. Synchronismes. Inventions et découvertes de chaque siècle. (Résumés.)	Asie : — Montagnes ; Fleuves ; Villes principales. Commerce ; Industrie. (Cartes.) Étude sur la sphère terrestre. Afrique : — Même travail que pour l'Asie. Gouvernements. Population. (Cartes.) France administrative et judiciaire. (Résumés.)	Le Ciel : — Le Soleil ; les Planètes ; les Satellites ; la Lune ; les Éclipses. Études sur la sphère armillaire. Figures au tableau.	Établissement de la famille. Nécessité absolue du travail. Le ménage ; son entretien. Économie du temps et de l'argent. Prix approximatif des denrées, des vêtements, du linge, des étoffes, des confections, du blanchissage. Économie dans ces dépenses. (Budget.) Comptes et livres de dépenses journalières.	Questions de rentes. Commissions. Courtage. Change. Cotes. Assurances. Échéances communes ou moyennes. Calcul mental pratique. Problèmes.	Premières notions. Granit ; Marbre ; Ardoise ; Calcaire ; etc. Mines de charbon, de métaux, de diamants. Mineurs : — Leur histoire, leur vie. Étudier sur échantillon. Récits de voyages.	Hygiène du corps. Exercices : — Travail ; Mouvement ; Jeu ; Marche ; Course ; Navigation ; Natation ; Voiture ; Cheval ; Chasse ; Pêche ; Gymnastique. Transpiration. Précautions à prendre. Ne pas surcharger l'enfance de soins minutieux.	Littérature française ancienne. Citer les meilleurs ouvrages, les bons auteurs. (Résumés.) Nota. Cette leçon de littérature en 3e année, remplace la physique et la chimie des deux premières années.	2e Morale sociale. Devoirs envers l'humanité ; Droits naturels de l'homme. Esclavage ; servage. Liberté de conscience. Devoirs de charité. Devoirs de la famille. (Résumés.)	Chants d'ensemble ; Composition (Cahiers). Méthode CHEVÉ. Écriture ; Lecture ; Dictées ; Composition ; Chants à plusieurs parties (Cahiers).
2e SEMESTRE.	Lire de bons auteurs. S'attacher à la prononciation. Résumer les lectures faites. — Écriture. Continuer à perfectionner l'écriture. L'anglaise, la ronde, la gothique. Titres et chiffres. Écriture cursive. Exercice de correspondance commerciale.	Grammaire : Continuer comme dans le premier semestre. Style : — Beautés de la langue française. — Littérature : — Continuer ce qui a été commencé dans le premier semestre. Apprendre de beaux morceaux de littérature. Faire du style. Lire madame de Sévigné. (Résumés.)	Louis XV et les prodromes de la Révolution. République. Consulat. Premier Empire. Restauration. Révolution de 1830. République de 1848. Second Empire. Inventions et découvertes. (Résumés.) Histoire du costume et de la chaussure. Meubles ; Bijoux.	Amérique du Nord. Amérique du Sud. (Cartes.) États-Unis. (Cartes.) Commerce ; Voyageurs ; Chercheurs d'or. Mexique. Californie. Océanie. Australie. (Cartes). Étude sur la sphère. France. — Exposé du système politique. Notions de droit civil.	Le Ciel : — Les Étoiles fixes ; les Étoiles filantes ; les Comètes ; les Météores. Étude sur la sphère céleste. Récapituler ce qui a été dit en cosmographie. Figures au tableau.	Entretien des bâtiments ; leur propreté. Économie à apporter dans ces dépenses. Impôts ; Loyers ; Patentes ; Ports de lettres ; Menus frais. Dépenses imprévues : — Maladies ; Chômages. Luxe : — Réceptions ; Menus plaisirs ; Voyages ; Domestiques ; Serviteurs ; Ouvriers ; Gens de journées ; Voitures ; Chevaux ; Chiens.	Continuer ce qui a été commencé dans le premier semestre. Étude sur le calendrier. Valeur des monnaies d'or et d'argent. Calcul mental pratique. Problèmes. Résumer le système métrique qu'il ne faut point oublier.	Mines de pierres précieuses. Leur exploitation. Chercheurs d'or. La Californie. L'Australie. Mineurs : leur vie. Récits de voyages. Étudier sur échantillon.	Nécessité d'une profession. Hygiène des diverses professions. Nécessité d'un repos pendant le jour. Sommeil. Nécessité d'un repos absolu pendant la nuit. Aération pendant la nuit. Danger des fleurs pendant la nuit. Soins des enfants et des vieillards.	Littérature française moderne. Citer les bons livres, les meilleurs auteurs. Indiquer des lectures. Apprendre par cœur des morceaux de choix. Beautés de la langue française. (Résumés.)	Légitimité de la société. La guerre. Impôt du sang. Droit des gens ou des nations entre elles. Du gouvernement. 3e Morale religieuse. Existence de Dieu ; ses attributs ; nos devoirs envers lui. Du culte. Sanction de la loi morale. Récompenses et peines. Immortalité de l'âme. (Résumés.)	

COURS SPÉCIAUX. — **Première année.** — Tous les jours de midi à 6 heures, 36 heures de travail par semaine, études comprises. — *Cinq spécialités principales :*

1° **Commerce :** Comptabilité; Langues étrangères. — 2° **Dessin :** Ornement; Gravure, Peinture sur porcelaine. — 3° **Couture :** Lingerie et Confection. — 4° **Ouvrages de goût :** Tapisserie; Dentelle; Fleurs; Modes; Cartonnage. — 5° **Enseignement.**

	COMMERCE			DESSIN		COUTURE / OUVRAGES DE GOUT
	COMPTABILITÉ COMMERCIALE Les lundi, mercredi et vendredi de midi à 2 heures.	**DROIT COMMERCIAL** En même temps que la Comptabilité, le mercredi.	**LANGUES ÉTRANGÈRES** Lundi et vendredi de 2 à 4 heures.	**DESSIN LINÉAIRE** Le mercredi de 2 à 4 heures.	**DESSIN INDUSTRIEL** Les mardi, jeudi et samedi de 2 à 4 heures.	Les mardi, jeudi, samedi de midi à 2 heures.
1er SEMESTRE.	Du Commerce en général. Factures; Notes; Reçus; Acquits. Expressions commerciales. Abréviations. Définitions générales : — Débit, Débiteur, Débiter ; Crédit, Créditeur, Créditer. Écriture et chiffres très-lisibles. Exercices au tableau. Calcul mental très-vite. Des dépenses personnelles : — Livre de ménage, de Boucherie, d'Épiceries, de Blanchissage ; Arrêtés de comptes.	Des commerçants en général. Personnes capables de faire le Commerce. La femme mariée ; le mineur. Personnes qui ne peuvent faire le Commerce. Contrat de mariage. Régime de la Communauté ; Régime dotal ; Régime de la séparation.	Lecture ; Prononciation ; Dictées; Petites phrases parlées et écrites. Travailler surtout à acquérir une bonne prononciation. Exercices de dictées et de verbes au tableau.	Exercices au tableau noir. Lignes *horizontales* à main levée. Lignes *verticales*; divisions petites et grandes de ces lignes. Reporter ces études de lignes sur papier. Prohibition de la règle et du compas ; l'œil et la main doivent seuls guider.	Toutes les études du *dessin industriel* doivent porter, la première année, sur le *dessin d'ornement.*	Couture : Ourlet ; Surjet ; Piqûre ; Boutonnière ; Reprise. Assemblage. — *Ouvrages de goût :* Tapisserie : — Points principaux. Fleurs : — Feuillages ; Tiges ; Petits bouquets.
2e SEMESTRE.	Correspondance commerciale. Copie de lettres. Lettres de voitures ; Connaissements ; Sous-seings privés ; Baux. Livres d'Achats, de Ventes, de Caisse ; Balance. Brouillard ou main-courante. Abréviations commerciales. Calcul mental très-vite. Exercices au tableau.	Preuves de la validité des ventes, par la Correspondance commerciale et par les livres. Livres reconnus par la loi. Factures ; Marchés ; Serment ; Actes ; Sous-seings privés ; Tailles ; Lettres de voitures ; Connaissements. Avaries : — Pertes; Vices rédhibitoires. Obligations des vendeurs. Marques de fabrique. Contrats d'apprentissage : — L'Apprenti ; le Patron.	Mêmes exercices que dans le premier semestre. Apprendre par cœur différentes règles de grammaire (ne pas en abuser); mais apprendre surtout quelques bons morceaux *de prose* et les traduire oralement. Faire attention aux locutions, à la prononciation.	Lignes *horizontales* et *verticales* employées à construire le carré. Construction de figures diverses à différentes grandeurs. Division des lignes par 1/2, 1/4, 1/8, 1/12, 1/16, etc., etc. Exercices à main levée. Prohibition surtout de la règle et du compas. Lignes *diagonales* en travers du carré. Grands et petits carrés; grands et petits angles.	Ornement au tableau et sur papier.	*Couture :* Lingerie. (Mêmes exercices que dans le premier semestre.) Assemblage. Commencement d'ornements de robes. — *Ouvrages de goût :* Tapisserie : — Petits dessins ; petits sujets. Fleurs : — Fleurettes ; Guirlandes ; Bouquets.

NOTA. — Il y a une demi-heure de RÉCRÉATION de 3 h. 1/2 à 4 h. — De 4 à 6 h. ÉTUDE dans tous les ateliers. — Pendant la COUTURE, il est bon de faire des lectures variées, récréatives et instructives, à la portée des élèves.

IV

COURS SPÉCIAUX. — **Deuxième année.** — Tous les jours de midi à 6 heures; 36 heures de travail par semaine, études comprises. — *Cinq spécialités principales.*

(VOIR LE TABLEAU DE LA PREMIÈRE ANNÉE.)

	COMMERCE			DESSIN		COUTURE
	COMPTABILITÉ COMMERCIALE TENUE DES LIVRES. Les mardi, jeudi, samedi, de midi à 2 heures.	**DROIT COMMERCIAL** En même temps que le Commerce, le mardi.	**LANGUES ÉTRANGÈRES** Lundi et vendredi de 2 à 4 heures.	**DESSIN LINÉAIRE GÉOMÉTRIQUE** Le mercredi de 2 à 4 heures.	**DESSIN INDUSTRIEL** Les mardi, jeudi et samedi de 2 à 4 heures.	**OUVRAGES DE GOUT** Lundi, mercredi, vendredi de midi à 2 heures.
1er SEMESTRE.	Banques : — Papier; Billets; Traites Mandats; Lettre de crédit; Endossements; Acceptations, etc., etc. Bordereau : — Comptes d'intérêts; Diviseurs fixes; Échéances moyennes; Tableau des dates. Comptes courants { Nombres noirs. Nombres rouges. Brouillard ou main courante. Journal. Calcul mental. Exercices au tableau.	Banques : — Change: Obligations; Lettres de change; Billets à ordre; Contrat de Change; Aval; Endos; Provision; Droit des porteurs; Pouvoir; Protêt; Actes notariés; Enregistrement; Timbre; Prescription. Billet au porteur; Retour du billet; Droit de l'endosseur; Jugement : Saisie. Crédit ouvert. Lettre de Crédit. Portefeuille du commerçant.	Parler le plus possible. Écrire sous la dictée. Lire couramment. Traduire de vive voix. Conversation avec le professeur.	Faire passer dans le *carré*, et par le centre commun, des lignes horizontales, verticales et diagonales. Faire passer à la *circonférence* une *ligne courbe*, allant de droite à gauche, jusqu'à fermeture du cercle. De là, le *cercle* et ses divisions. Reporter ces leçons sur papier, et récapituler ce qui a été vu jusqu'ici en *Dessin linéaire*. Figures géométriques.	Continuer l'ornement. Composer des dessins pour châles. Étude de la figure, de la fleur, des feuillages ou du paysage, selon le goût et les aptitudes des élèves.	Couture : Assemblage. Ornements. Robes; Confection; Lingerie. Essais de coupe. — Tapisseries; Broderies; Sujets. Modes. Cartonnage. Fleurs : — Montage; Bouquets; Coiffures; Guirlandes.
2e SEMESTRE.	Tenue des livres d'un commerçant : — A parties simples (un peu), à parties doubles (complétement). Comptes généraux : Comptes particuliers. Débiteurs; Créanciers. Répertoire. Calcul mental et au tableau, très-vite. Disposition des Registres principaux, Journal, Grand-livre, etc., etc.	Récapitulation des leçons données jusqu'ici. Livres reconnus par la loi. Ventes établies. Transport des marchandises. Ventes par intermédiaires. De l'apprentissage : Contrat entre le patron et l'apprenti; Obligations du patron; Devoirs de l'apprenti.	Quelques règles de Grammaire. Conversation. Correspondance commerciale. Lecture de bons auteurs. Récitation de morceaux de prose et de poésie, dont le sens sera parfaitement compris. Traductions de vive voix. Exercices au tableau.	Construire différentes figures, en prenant comme *base* les intersections des *droites* sur les *diagonales*, la division du *carré* et du *cercle*. Construire des *rectangles*, des *courbes*, des *losanges*, des *ovales*, des *volutes*, des *spirales*, etc. Divisions entre l'horizontale et la verticale en 90 degrés: de là, le rapporteur. Arriver à la pureté des lignes, à la sûreté de l'œil et de la main surtout. Figures géométriques.	Bosse: Natures mortes. Composer des dessins pour éventails. Fleurs : Paysages; Figures, etc. Ornement. Commencer la gravure ou la peinture sur porcelaine, s'il y a lieu. Exercices au tableau.	Couture : Continuer comme dans le premier semestre. Coupe. Commencer, s'il est possible, à tailler, à réduire, à composer. — Travaux de goût. Chercher à développer le goût et l'adresse. Nuances. Sentiment des couleurs; leur harmonie.

V

	COMMERCE			DESSIN			COUTURE
	COMPTABILITÉ COMMERCIALE TENUE DES LIVRES. Tous les jours de midi à 6 heures.	**DROIT COMMERCIAL** HISTOIRE DU COMMERCE. Le mercredi.	**LANGUES ÉTRANGÈRES** ANGLAIS OU ALLEMAND. Les lundi et vendredi de 2 à 4 h.	**DESSIN LINÉAIRE** géométrique. Le mercredi de 2 à 4 heures.	**DESSIN INDUSTRIEL** Tous les jours de midi à 6 heures.	**HISTOIRE DES BEAUX-ARTS** Le jeudi de 4 à 5 heures.	**OUVRAGES DE GOÛT** Tous les jours de midi à 6 heures.
1er SEMESTRE.	Sociétés : — Rédaction des Écritures d'une *Société* par actions ; Comptes en participation, en commandite ; Opérations maritimes ; Assurances ; Rentes ; Cotes ; Effets publics. Précis de l'histoire de la *Banque de France,* du *Crédit foncier,* du *Crédit mobilier,* du *Comptoir d'escompte.* Marchés à terme. Marchés à prime. La Coulisse.	Cette 3e année traite de l'histoire du Commerce, le Droit commercial touchant à sa fin. Droits des sociétés : — Liquidation ; Bourses de Commerce ; Agents de change ; Courtiers ; Commissionnaires. Histoire : — Influence du Commerce sur la civilisation ; Échanges ; Trocs ; Ventes ; Achats. Phéniciens ; Grecs ; Inde ; Républiques italiennes ; Marchés ; Foires (Lyon, Beaucaire, Genève) ; Les Portugais et les Espagnols aux Indes ; les Hollandais et les Anglais ; Indes orientales ; Compagnies de Commerce ; États-Unis ; Blocus continental ; Colonies espagnoles ; les Européens en Chine et au Japon ; la Californie ; l'Australie ; le Canal de Suez.	Correspondance commerciale ; Abréviations commerciales. Conversation ; Lecture ; Écriture ; Traduction. Morceaux choisis appris par cœur.	Compléter l'étude du dessin linéaire géométrique.	Ornement : Tête ; Figure ; Bosse ; Natures mortes ; Fleurs ; Fruits ; Paysages. Exercices au tableau. — Gravure ou peinture sur porcelaine. Compositions. Faire connaître aux élèves le prix des travaux. Bénéfice à prélever.	Origine des arts : — Éclosion du sentiment artistique chez l'homme primitif : dans le vêtement (Parure), dans les habitations (Architecture, Peinture, Céramique, etc.) Esthétique : — Du vrai et du beau dans l'art ; Mission de l'art. Historique : — L'art chez les Assyriens, chez les Égyptiens, en Grèce, à Rome ; Décadence ; Période byzantine ; les Maures ; Art gothique ; Causes et premiers symptômes du grand mouvement artistique qu'on appelle la *Renaissance.*	Robes. — Confection ; Fine lingerie. Ornements. Réduction des patrons. Coupe. Ouvrages de goût : — Tapisseries ; Broderies ; Modes ; Fleurs ; Cartonnages. Développer le goût et l'adresse. Indications sur la qualité des matières.
2e SEMESTRE.	Faillites : — Balance des écritures ; Solde de compte ; Inventaire, *actif, passif.* Banqueroutes : — Vérification des livres ; Banques d'Amsterdam, d'Angleterre et de Hambourg. De l'*Épargne* : — Des Caisses d'épargne ; de l'Assurance en général ; des Associations coopératives. Tenue des livres *particulière* ; c'est-à-dire tenue de registres affectés à une spéculation particulière : telles seraient une affaire en *foire de Lyon,* une *spéculation agricole.*	Droit : — Lois commerciales ; Tribunal de Commerce ; Conseil de Prud'hommes ; Chambres consultatives ; Chambres de Commerce, Patrons et Commis ; Faillites ; Banqueroutes ; Brevets d'invention ; Contrefaçon ; l'Inventaire. Histoire : — Liberté commerciale ; Traités de Commerce ; Exportations de l'Angleterre et de la France. Monnaie : — Son rôle dans les échanges ; Papier-monnaie ; Assignats ; leurs dangers. Voies de communication : — Routes de mer ; Ports ; Routes de terre ; Canaux ; Chemins de fer ; Négociants ; Armateurs, Commissionnaires ; Courtiers ; Commerce en gros, Commerce en détail ; Importations et Exportations. Douanes : — Entrepôts ; Docks. Circulation des capitaux ; leur influence sur l'industrie.	Correspondance commerciale, toujours. Conversation ; Lecture ; Écriture ; Traduction, toujours. Morceaux de choix appris par cœur.	Compléter l'étude du dessin linéaire géométrique.	Continuer les travaux commencés. Compositions. Exercices au tableau. — Faire connaître aux élèves les maisons spéciales. Prix des Bois, des couleurs. Prix des travaux. Bénéfices à prélever.	Renaissance : Grandes Écoles : — Écoles d'Italie, Florence, Venise, Bologne, Rome, Ferrare, École lombarde, etc. ; Écoles d'Allemagne, de Flandre et de Hollande ; École espagnole, École française. Art moderne : Artistes célèbres depuis le commencement du siècle ; Œuvres principales. Tendances à vulgariser l'art. Application de l'art aux objets usuels. Industries artistiques. Du goût : — L'art n'est pas seulement dans la statuaire ou la peinture ; Harmonie des formes, des couleurs ; Choix des étoffes ; Broderies, etc. Des rapports du goût avec le sentiment du beau, du juste, du vrai. Comment le goût s'exerce et se développe.	Continuer à développer le goût et l'adresse. Harmonie des couleurs. Maisons spéciales. Prix des façons. Bénéfices à prélever sur le prix de revient. Prix des fournitures et des ornements.

LIVRET

ABSENCES	SEMAINE	RETARDS
	du ___________	

FACULTÉS.	BONNES NOTES.	MAUVAISES NOTES.	OBSERVATIONS PARTICULIÈRES
Langue française .			
Langue anglaise..			
Langue allemande.			
Lecture.........			
Littérature			
Histoire			
Géographie......			
Géologie.			
Cosmographie....			
Industrie			
Économie domes-			
tique...........			
Morale..........			
Arithmétique			
Comptabilité.....			
Droit commercial.			
Physique........			*Visa de la directrice :*
Chimie			
Botanique.......			
Zoologie			
Minéralogie			
Hygiène. :			
Écriture			
Dessin linéaire...			
Géométrie......			*Signature des parents :*
Dessin industriel..			
Gravure sur bois..			
Peinture sur porce-			
laine.			
Chant..........			
Couture.........			
Lingerie			
Modes..........			COURS NORMAL. — *Institutrices :* Prépa-
Ouvrages de goût.			ration aux examens de l'Hôtel de Ville.
Total......			Notes ....|

COMPTABILITÉ. — REGISTRE D'ATELIER.

Le *travail* qui se fait dans les Ateliers vient toujours du dehors; il exige, à cause de cela, un grand ordre, afin d'éviter les encombrements et les méprises. Nous donnons ici le modèle d'un *Registre d'inscription*, assez heureusement combiné, et que nous avons expérimenté.

Nº 1. — REGISTRE D'INSCRIPTION.

Mois d'octobre 186

NUMÉRO D'ORDRE.	DATE de L'ENTRÉE.	NOMS ET DEMEURES.	SORTE D'OUVRAGE QUANTITÉS.	PRIX des FAÇONS. fr. c.	PRIX des fournitures. fr. c.	DATE de SORTIE.	QUANTITÉS SORTIES	OBSERVATIONS.	fr. c.	REÇUS.
4	3 nov.	Mme Jean, 6, rue B.	6 chemises, 15 mètr. toile	12 50	2 20	3 déc.	Rendu 3 chemises.	Remis à la femme de Ch.		Reçu.
						15 déc.	Rendu 3 chemises.	Remis à la concierge..	14 70	
5	6 nov.	Mme Louis, 7, rue M.	Une robe soie noire, 20 m.	25 »	40 »	15 déc.		Rendu à elle-même...	65 »	Reçu.
6										

Quatre autres livres s'ajoutent à ce *Registre d'inscription* pour compléter la comptabilité de l'atelier. Ce sont : Une *main courante*, nº 2 ; un *livre pour les fournitures*, nº 3 ; un *grand livre* et son *répertoire*, nº 4 ; un *livre de caisse*, nº 5.

Ces registres sont tenus par une *élève*, sous la surveillance de la *Directrice*. C'est déjà, pour l'élève, l'apprentissage d'une comptabilité pratique.

DÉPENSES ET RECETTES

PENDANT LES DEUX PREMIÈRES ANNÉES D'UNE ÉCOLE.

DÉPENSES. — 1ʳᵉ Année.	fr.	**DÉPENSES. — 2ᵉ Année.**	fr.
Loyer......................	5000	Loyer......................	5000
Directrice.................	2400	Directrice.................	2400
Une maîtresse de classe..... ..	1500	Deux maîtresses de classe....	2700
Professeur d'écriture.......	300	Professeur d'écriture........	300
Professeur d'anglias........ ...	300	Professeur d'anglais.........	400
Professeur de chant........ ...	300	Professeur de chant....	300
Professeur de dessin...	600	Professeur de dessin........	800
Chef d'atelier..............	900	Chef d'atelier et aide........	1500
Concierge et impôts........ ...	700	Concierge et impôts.........	700
Chauffage, éclairage........	500	Chauffage, éclairage........	700
Frais imprévus.............	100	Frais imprévus.............	200
Modèles de dessin..........	50	Entretien des modèles de dessin	50
Prospectus, imprimés.......	100	Prospectus, imprimés........	100
Distribution des prix.......	100	Distribution des prix.........	200
Total........	12850	Total........	15350

RECETTES. — 1ʳᵉ Année.		**RECETTES. — 2ᵉ Année.**	
40 élèves, en moyenne, à 10 fr.	4800	110 élèves, en moyenne, à 10 f.	13200
Bénéfice sur les fournitures...	100	Bénéfice sur les fournitures...	200
Le rapport de l'atelier de couture passera, en 1ʳᵉ année, dans les frais de mercerie..	»	Rapport d'atelier de couture; environ 25 fr. par mois....	300
Perte de 1ʳᵉ année. *Balance*...	7950	Perte de 2ᵉ année. *Balance*...	1650
Somme égale aux dépenses ci-dessus...............	12850	Somme égale aux dépenses ci-dessus.............	15350

L'École passe ensuite à la troisième année. (Voir le tableau ci-après, page 19.)

BILAN D'UNE ÉCOLE A SA TROISIÈME ANNÉE

(Nous supposons l'École pourvue de 150 élèves : 50 dans chaque classe.)

DÉPENSES DE L'ANNÉE.

fr.

Loyer...................... 5000
Directrice.................. 3000

CLASSES :

Trois maîtresses de Classes.

1re maîtresse................ 1500
2e maîtresse. 1200
3e maîtresse................. 900

Professeurs du dehors.

1 professeur de comptabilité, 3e année................. 900

(Nous supposons que les maîtresses de classe font la comptabilité jusqu'en 3e année.)

1 professeur d'écriture........ 400
1 professeur d'anglais......... 400
1 professeur de chant........ 400

DESSIN :

1 professeur de dessin et de peinture sur porcelaine,........ 900
1 professeur de gravure sur bois. 1000

ATELIERS :

1 chef...................... 1200
2 aides.................... 1600
Concierge et impôts.......... 700
Chauffage et éclairage........ 1000
Frais imprévus : Bureau, Lettres..................... 300
Entretien des modèles de dessin. 200
Prospectus.................. 100
Distribution des prix......... 500
Par balance. *Bénéfice*......... 200

Total......... 21200

RECETTES DE L'ANNÉE.

fr.

150 élèves à 120............. 18000

(Nous supposons les vacances payées.)

Les élèves du dessin payent, par mois, 1 fr. pour l'usure des modèles. A ne supposer que 100 élèves au dessin, à 11 fr. par année................. 1100

Les élèves du cours de gravure sur bois et de peinture sur porcelaine payent 5 fr. de plus par mois. A ne supposer que 20 élèves par mois, ce qui est peu sur 150............ 1100

Les fournitures de classe et de dessin donnent en bénéfice environ.................... 400

Le travail peut s'évaluer à un rapport de 50 fr. par mois.. 600

Total......... 21200

Il ressort en *Bénéfice*...... 200

NOTA. — Il n'est point ici question du rapport d'un *Cours préparatoire*, qui peut être évalué à 1200 fr. par année.

Nous affirmons qu'une école bien dirigée doit faire ses frais la *troisième année.*

CRÉATIONS D'ÉCOLES

Ce système est basé sur l'établissement de DEUX ÉCOLES, ayant coûté 32000 fr., et qui ne devront donner de bénéfice qu'à partir de la quatrième année.

CAPITAL. — Nous versons d'abord la somme de 32000 fr. que nous retrouverons plus tard dans les bénéfices.

Nous supposons ces deux écoles pourvues de 200 élèves chacune : il en peut être ainsi avec le *Cours préparatoire* et le *Cours supplémentaire*; car il se trouvera toujours des élèves de 4e et de 5e année. Les frais étant faits avec 150 élèves, 50 élèves en plus donneront un bénéfice de 6000 fr. environ ; donc 12000 fr. sur 2 écoles. Établissons notre système :

BÉNÉFICES.		fr.
4e année.	Bénéfice sur 2 écoles.	12000
5e —	Bénéfice sur 2 écoles.	12000
6e —	Bénéfice sur 2 écoles.	12000
7e —	Bénéfice sur 3 écoles.	18000
8e —	Bénéfice sur 4 écoles.	24000
9e —	Bénéfice sur 4 écoles.	24000
10e —	Bénéfice sur 5 écoles.	30000
11e —	Bénéfice sur 6 écoles.	36000
12e —	Bénéfice sur 7 écoles.	42000
Balance....................		1200
(Différence à retrouver dans les bénéfices de la 12me année).		
Somme égale.....		211200

INSTALLATIONS.		fr.
4e année.	1 école nouvelle...	16000
5e —	1 école nouvelle...	16000
7e —	1 école nouvelle...	16000
8e —	1 école nouvelle...	16000
9e —	2 écoles nouvelles..	32000
10e —	2 écoles nouvelles..	32000
11e —	2 écoles nouvelles..	32000
Capital à rendre...... 32000		
Intérêt pendant 12 ans à 5 p. 100. 19200		51200
Somme égale		211200

Donc, avec un *capital* de 32000 francs, nous créons, dans l'espace de douze années, DOUZE ÉCOLES que nous estimons, y compris leur mobilier, 15000 fr. chacune ; ensemble... 180000 fr.

Et nous avons, chez les propriétaires, *douze dépôts* de chacun 2500 fr. ; ensemble... 30000 fr.

Donc, la douzième année nous avons un actif de.......... 210000 fr.

NOTA. — Nous nous bornons à 200 élèves par école, un quartier n'en peut guère plus donner.

Il y aurait encore, pour une Société libre, un autre système qui permettrait de faire plus de bien, avec un capital modeste ; ce qu'il convient toujours de rechercher lorsqu'on fait appel à des souscriptions sympathiques.

Ce serait, au lieu de créer directement des écoles, et d'en assumer par conséquent toute la responsabilité, pour le présent et pour l'avenir, — responsabilité fort lourde pour une Société qui peut être composée de personnes étrangères à l'enseignement, — ce serait, dis-je, de fournir, à titre de commandite, à des institutrices qui accepteraient le patronage et l'inspection de la société, les fonds nécessaires pour créer une école ou pour la transformer, selon le programme adopté ; sous la condition, toutefois, que le capital prêté serait remboursé dans un nombre d'annuités, et que, pour la garantie de la Société commanditaire, les comptes de la maison commanditée seraient soumis chaque année à ses agents.

On comprendra que, dans ce dernier système, l'institutrice demeure libre dans ses actions ; en tant qu'elle se conforme au programme de la Société, qu'elle reçoit ses inspecteurs, continue de mériter son patronage, et remplit fidèlement les engagements qu'elle a souscrits en acceptant la commandite. Cette liberté d'action qui déchargerait d'autant la Société, serait un attrait puissant pour les institutrices assurées dès lors de voir leur indépendance et leur dignité respectées, de travailler pour elles-mêmes et pour leur famille, tout en concourant à une œuvre grande et féconde.

Nous ajouterons même que, à notre avis, ce système est celui qui permettrait le mieux de réaliser l'idéal de l'enseignement libre ; c'est-à-dire l'indépendance de chaque école dans une solidarité d'intérêts et de principes.

BIBLIOTHÈQUE

Supposons la Bibliothèque garnie de 7 rayons portant chacun au milieu une *lettre* qui indique les séries.

<table>
<tr><td rowspan="5">LETTRES.</td><td colspan="2" align="center">A</td></tr>
<tr><td colspan="2">1° Langues : Littérature : Morale ; Poésies : Fables.</td></tr>
<tr><td colspan="2" align="center">B</td></tr>
<tr><td colspan="2">2° Histoire ; Récits historiques ; Inventions : Découvertes : Biographies.</td></tr>
<tr><td colspan="2" align="center">C</td></tr>
<tr><td></td><td colspan="2">3° Géographie : Atlas ; Géologie : Cosmographie ; Astronomie : Industrie ; Économie domestique ; Commerce : Voyages : Récits.</td></tr>
</table>

	A
LETTRES.	1° Langues : Littérature : Morale ; Poésies : Fables.
	B
	2° Histoire ; Récits historiques ; Inventions : Découvertes : Biographies.
	C
	3° Géographie : Atlas ; Géologie : Cosmographie ; Astronomie : Industrie ; Économie domestique ; Commerce : Voyages : Récits.
SCIENCES.	**D**
	4° Arithmétique ; Géométrie : Comptabilité : Tenue des livres.
	E
	5° Physique : Chimie : Minéralogie : Botanique ; Zoologie : Physiologie : Hygiène.
ARTS.	**F**
	6° Calligraphie (méthodes) : Dessin (méthodes, modèles.)
	G
	7° Chant (méthode) : Musique : Tableaux.
ETC.	**H**

CATALOGUE

(Ouvrons-le à la lettre **M**.)

N° D'ORDRE apposé au dos du volume et correspondant au catalogue.	LETTRE et NUMÉRO DE SÉRIE apposés au dos du volume et correspondant aux rayons de la bibliothèque.	DÉNOMINATIONS.	NOMBRE de VOLUMES.	NOM des AUTEURS.	M
101 à 135	C.1 à C.35	Magasin pittoresque.	35	E. CHARTON.	

NOTA. — Si, sur les livres, nous mettons un *numéro d'ordre* après la lettre qui correspond au rayon de la Bibliothèque, c'est pour laisser la facilité d'ajouter indéfiniment à cette Bibliothèque, sans jamais rien déranger au catalogue. Un tel ordre ainsi établi, et à la Bibliothèque et au Catalogue, nous met à même de voir tout de suite si un volume est absent. Supposons qu'un volume manque au *Magasin pittoresque* ; en cherchant au rayon *C* (série de l'Industrie, des Voyages), nous voyons quel est ce volume, puisqu'il y en a 35 qui vont de C.1 à C.35.

BIBLIOTHÈQUE

PRÊT DES LIVRES.

Conditions : Moyennant une rétribution annuelle de *un franc,* ou, si on le préfère, de 10 *centimes* par mois, les élèves ont le droit de lire et d'emporter dans leur famille les livres de la Bibliothèque de l'école, à la condition expresse de ne prendre qu'un volume à la fois, et de ne le garder jamais plus de huit jours.

Donc, les livres prêtés doivent rentrer toutes les semaines à la Bibliothèque, et avant qu'une nouvelle sortie ou un nouveau prêt ait lieu : *Cette condition est absolue.*

La petite somme de 10 *centimes* par semaine est destinée à l'entretien de la Bibliothèque, à son augmentation surtout.

INSCRIPTION DES LIVRES PRÊTÉS :

(Registre tenu par l'élève bibliothécaire)

BIBLIOTHÈQUE — NUMÉROS et LETTRES.	CATALOGUE — NUMÉROS D'ORDRE.	NOM DES LECTRICES.	SORTIES.	RENTRÉES.
		——— 1er *octobre* 186 ———		
C.12	112	Marguerite Schmitz, rue St-Louis, 6	5	13
C.15	115	Louise Ménard, rue St-Lazare, 10.	5	13

NOTA. — Si la lectrice rapporte son livre *déchiré* ou *taché,* c'est affaire de règlement.

AUTEURS A CONSULTER OU A LIRE

LIVRES DE LECTURE

A. Aulard..........	Livres de Lecture courante (pour la classe préparatoire).
Audiganne..........	Les Ouvriers en famille.
Barante...........	Histoire de Jeanne d'Arc.
Berthoud.	La Botanique au village ; Fantaisies scientifiques.
Borie.............	Les Travaux des Champs.
E. Charton....	Les livres de la Bibliothèque rose, Les livres des Merveilles, sous la direction de M. E. Charton ; Le Magasin pittoresque ; Les Voyages anciens et modernes ; Le Tour du Monde.
Camberousse........	Grands ingénieurs.
J. Delbruck	Les Récréations instructives.
Dauban............	Récits historiques ; Livres d'histoire.
Erckmann-Chatrian..	Madame Thérèse ; L'Ami Fritz, etc.
Mme Fanny Faguet...	Un Bouquet de fleurs.
L. Figuier	La Terre et les Mers ; Les Merveilles de la science, etc.
Frédol........... ...	Le Monde de la mer.
Foe	Robinson Crusoé.
Guillemin	Le Ciel ; Les Phénomènes de la Physique.
Giraud....	Métamorphose des insectes.
Hetzel.............	Le Magasin de Récréation, etc.
F. Hément..........	Histoire naturelle.
Leymarie...........	Tout par le Travail.
Lanoye............	Grandes scènes de la nature.
Lemercier	Marins célèbres de la France.
Mme H. Loreau......	Traductions.
Livingstone........	Voyage dans l'Afrique australe.
H. Martin..........	Histoire de France.
Michaud...........	Histoire abrégée des Croisades.
J. Macé	La Bouchée de pain ; Les Serviteurs de l'estomac ; L'Arithmétique du Grand-Papa ; Le Théâtre du petit Château ; Les Contes du petit Château.
Mme Pfeiffer........	Mon second voyage autour du Monde.
Pizzetta...........	Livres élémentaires sur les sciences naturelles.
Ph. Pompée	Étude sur l'Éducation professionnelle en France.
Rendu.............	Intelligence des bêtes.
Raffy.............	Lecture d'histoire.
J. Simon...........	L'Ouvrière; etc.
Silvio Pellico	Mes Prisons.

SIMONIN.............. La Vie souterraine.
AUGUSTIN THIERRY.... Les Récits mérovingiens ; La Conquête d'Angleterre par
les Normands.
VERNE.............. Cinq Semaines en Ballon ; Voyage au pôle Nord ; etc.

LIVRES D'ÉTUDE

LANGUES .... *Français*, Dictionnaire de Bénard, La Grammaire des
Grammaires, de Girault-Duvivier, Les synonymes de
Girard (quant aux Abrégés, suivre les plus simples).
Anglais, Les méthodes de Ahn de Roberston ; *Allemand*,
Ollendorff.
LITTÉRATURE......... Géruzez ; Demogeot ; Feillet ; Roche.
HISTOIRE............ Duruy ; Magin ; E. Charton.
GÉOGRAPHIE .... Cortambert ; Gaultier ; Raffy (Cosmographie, Gaul-
tier) ; Cartes, Atlas, Globes ; Cartes concaves, par
J. Silbermann.
GÉOLOGIE............ Lambert ; Burat ; Beudant.
ASTRONOMIE .... Schœdler ; Guillemin ; Sphères concaves, par J. Silber-
mann.
INDUSTRIE........... Legendre.
ARITHMÉTIQUE .... Tarnier ; Chardon.
ÉCONOMIE DOMESTIQUE. Millet-Robinet ; La Science du bonhomme Richard.
TENUE DES LIVRES.... L. Chevalier ; Goujon et Sardou.
DROIT COMMERCIAL.... Ch. Bonne.
PHYSIQUE .... Drion et Fernet ; Ganot ; H. Fabre ; Système d'appareil-
lage, par J. Silbermann, préparateur de physique au
Collége de France.
CHIMIE.............. M.-J. Girardin ; Pelouze et Frémy ; Régnault ; Fabre ;
Debray ; Cahours.
HYGIÈNE. .... Vernois ; Guy-Raoul ; Taschereau ; Mme Hippolyte Meu-
nier.
BOTANIQUE .... De la Fosse ; Richard ; Bautier ; Le Bon Jardinier.
ZOOLOGIE............ Milne-Edwards ; Delafosse ; Schœdler.
MINÉRALOGIE........ Beudant ; Burat.
PHYSIOLOGIE .... Beraud.
BEAUX-ARTS. .... Grammaire des arts du dessin (Charles Blanc) ; Histoire
et caractères de l'Architecture en France, par Léon
Château.
MORALE............. J. Garré.
CHANT.............. (Méthode Chevé).

TABLE

FIN DE LA TABLE.

Paris. — Imprimerie de P.-A. BOURDIER, CAPIOMONT fils et Cie, 6, rue des Poitevins, 6.

www.ingramcontent.com/pod-product-compliance
Lightning Source LLC
Chambersburg PA
CBHW062313070726
47596CB00009B/1731